ANTI-STRESS COLORING BOOK

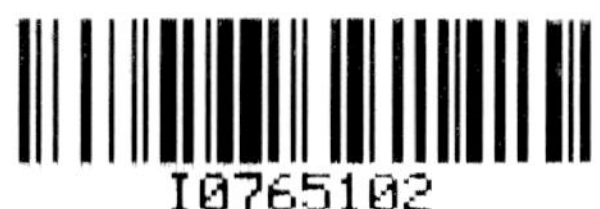

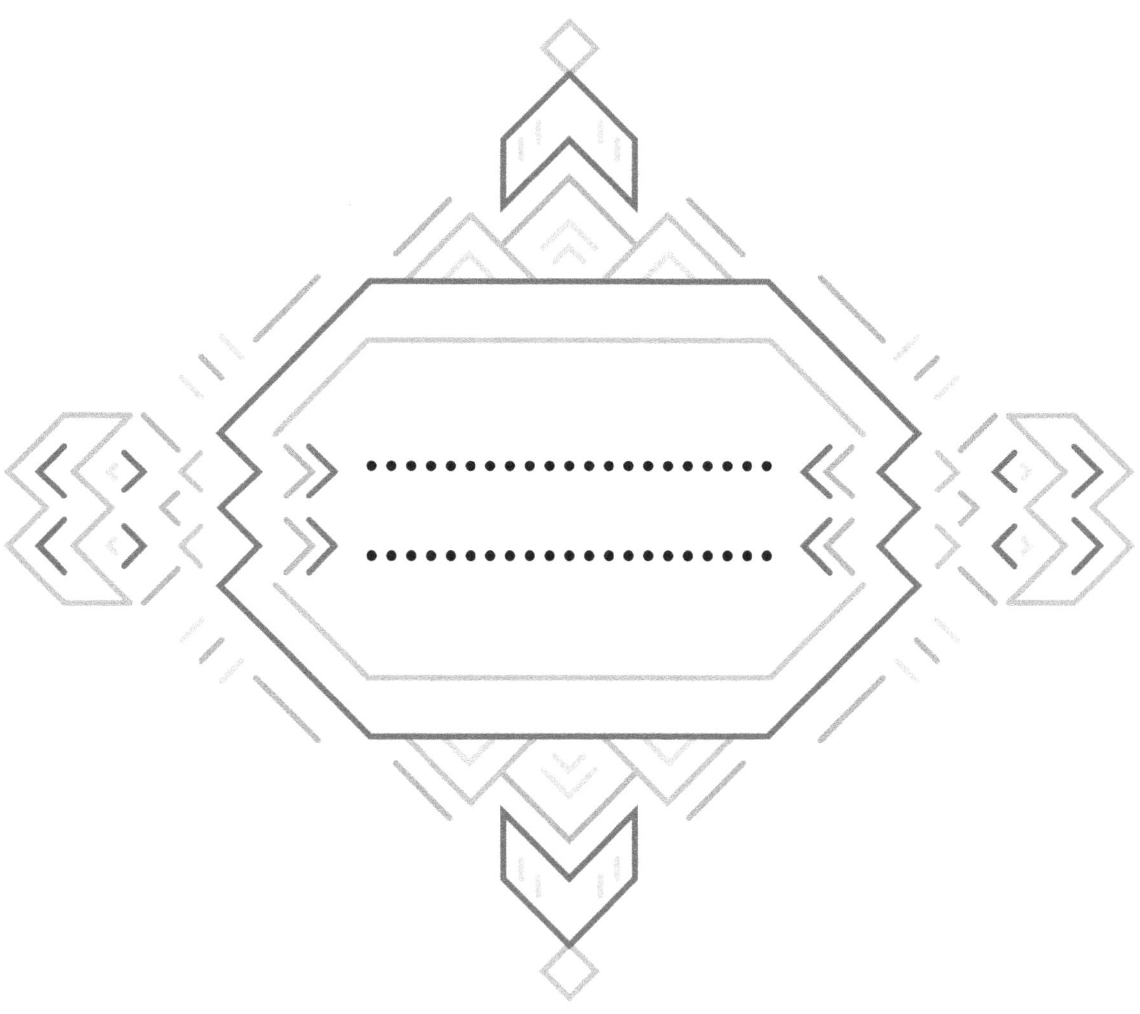

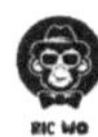

VOL 5

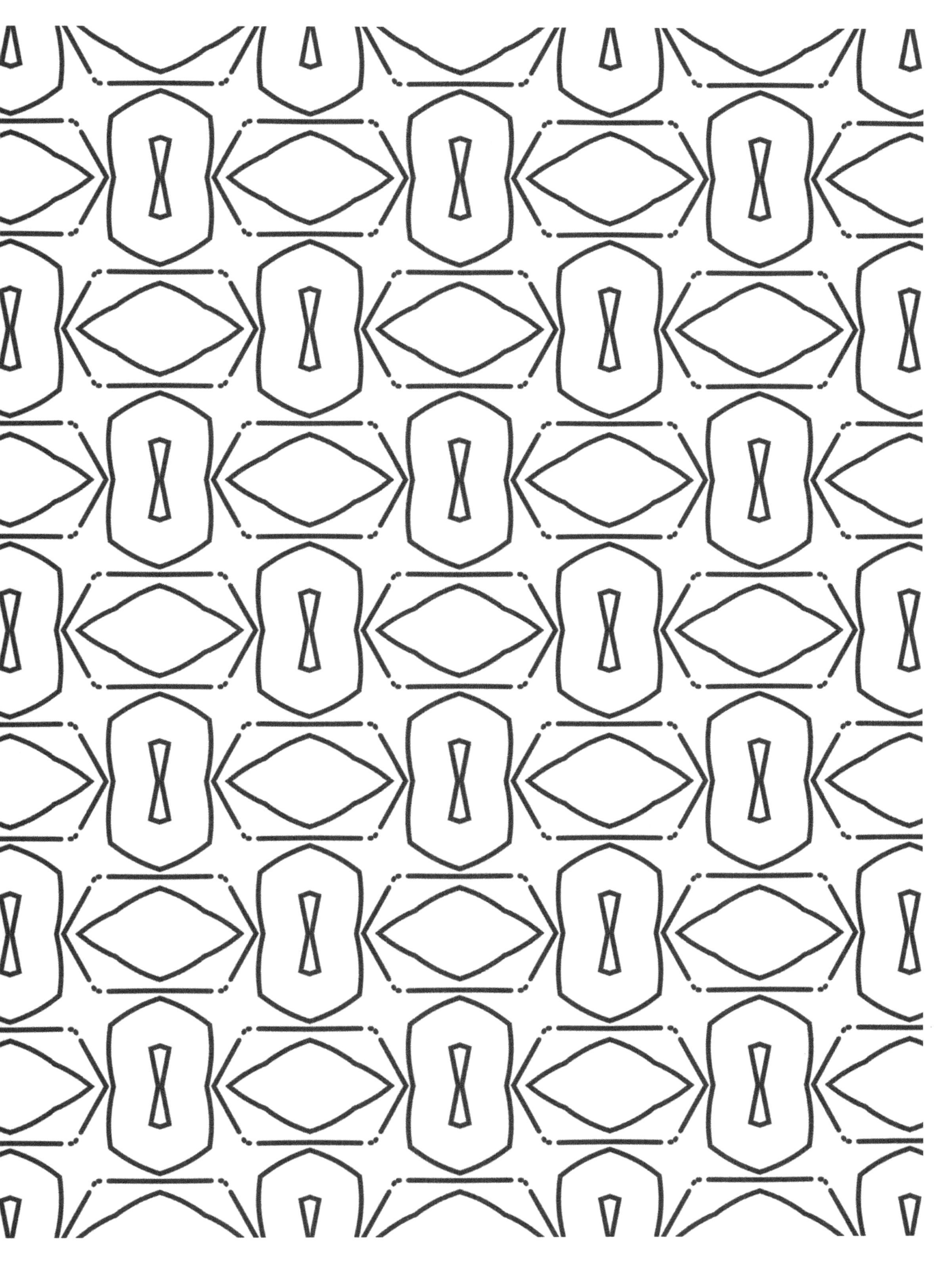

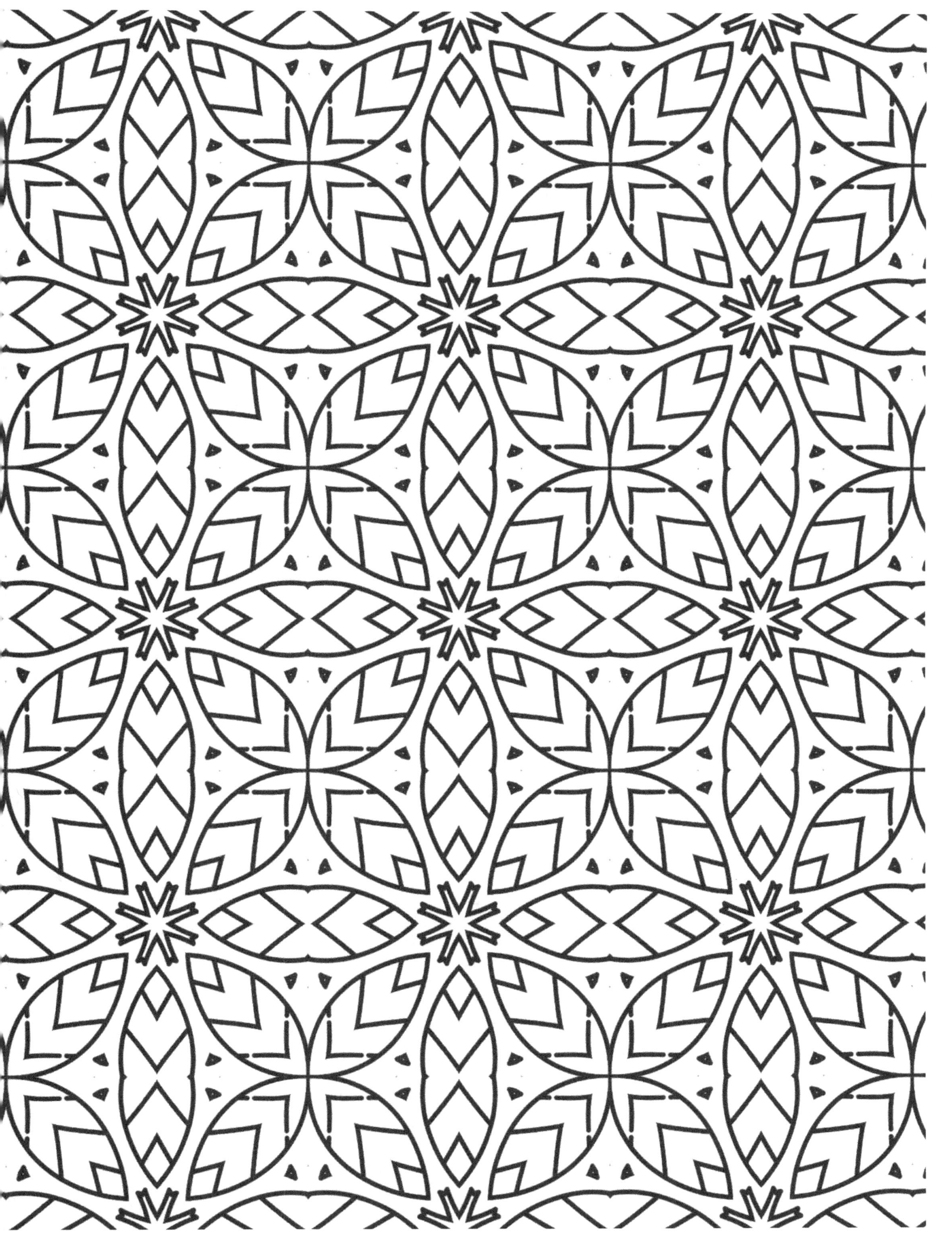

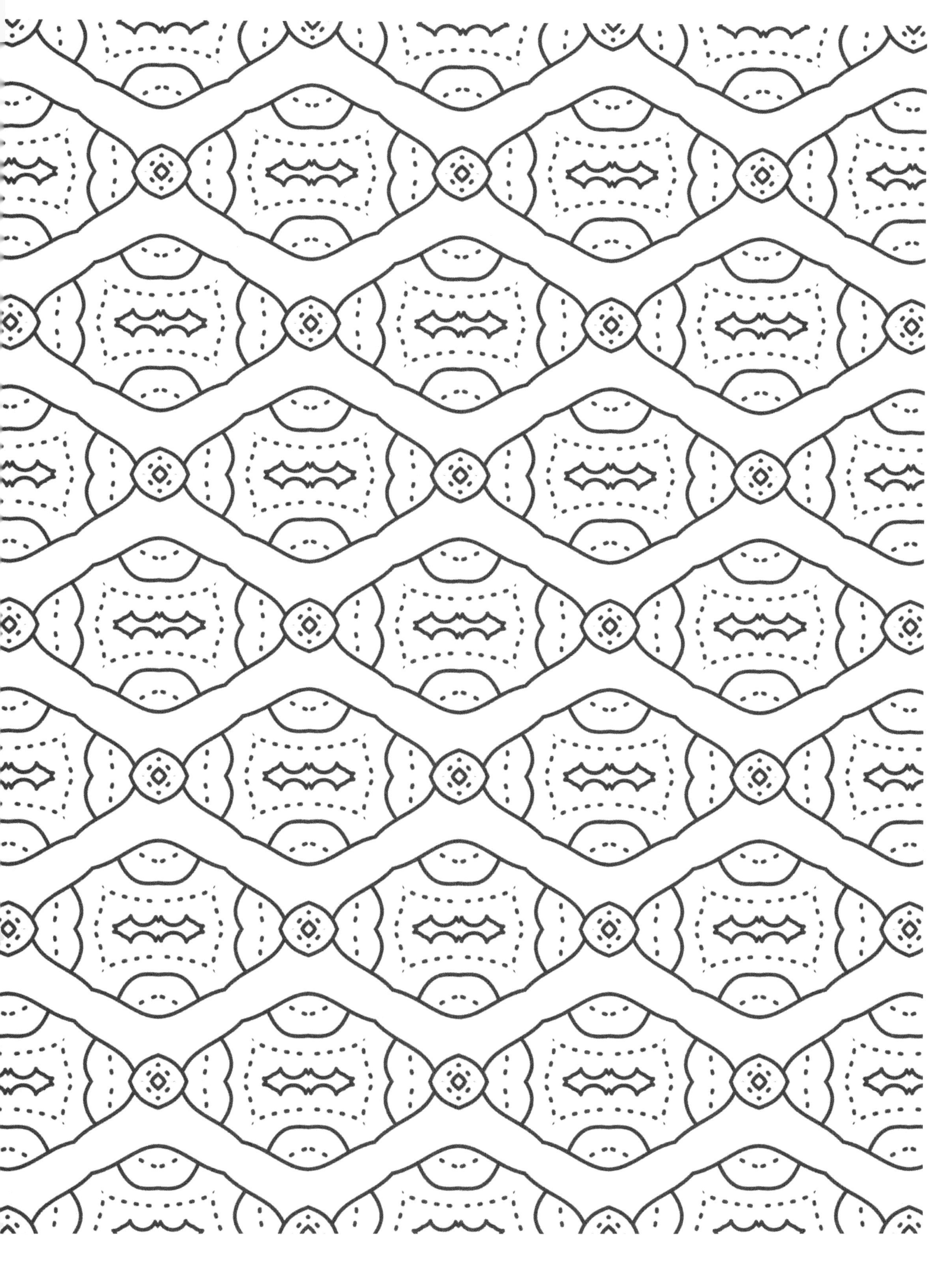

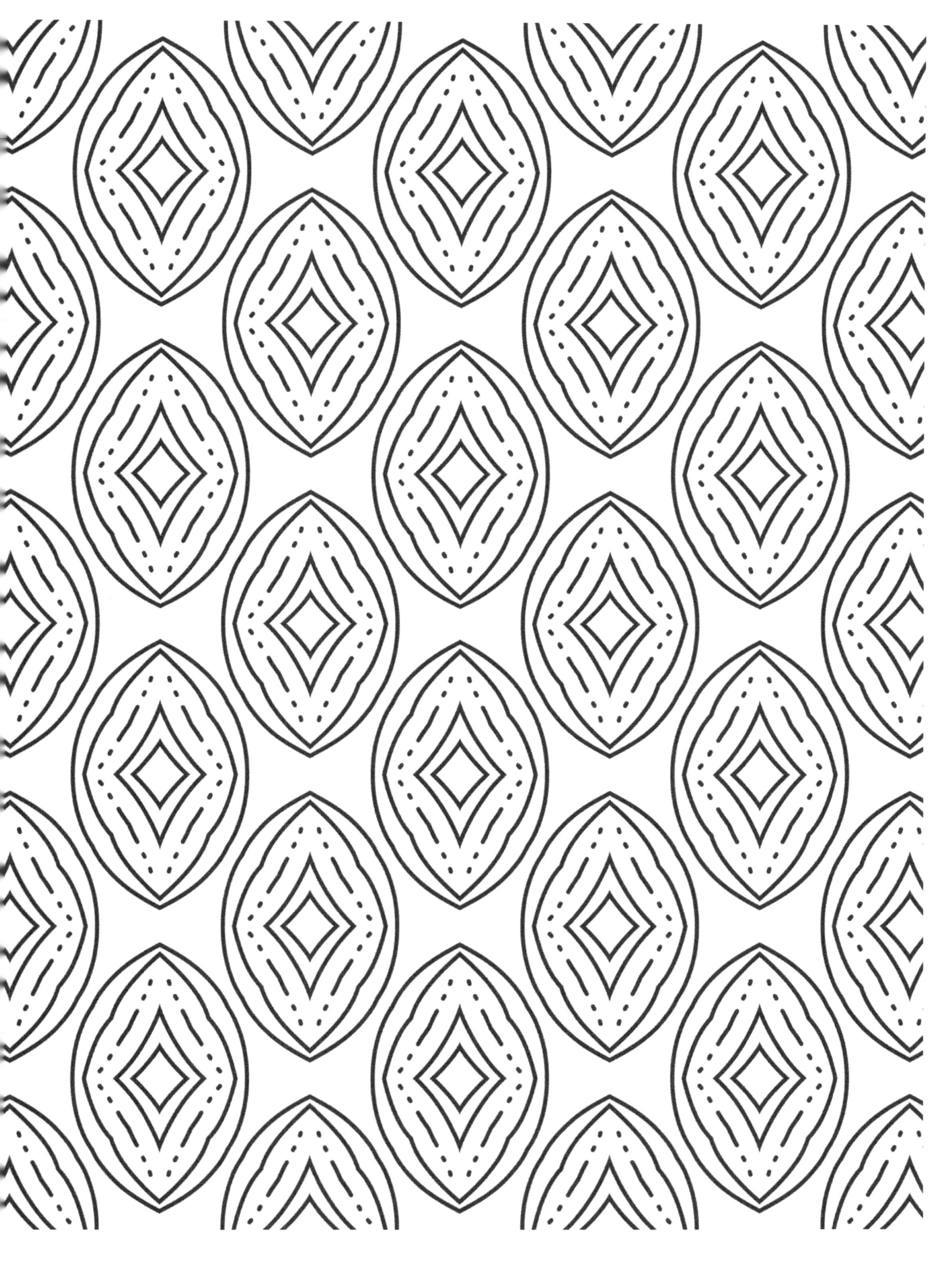

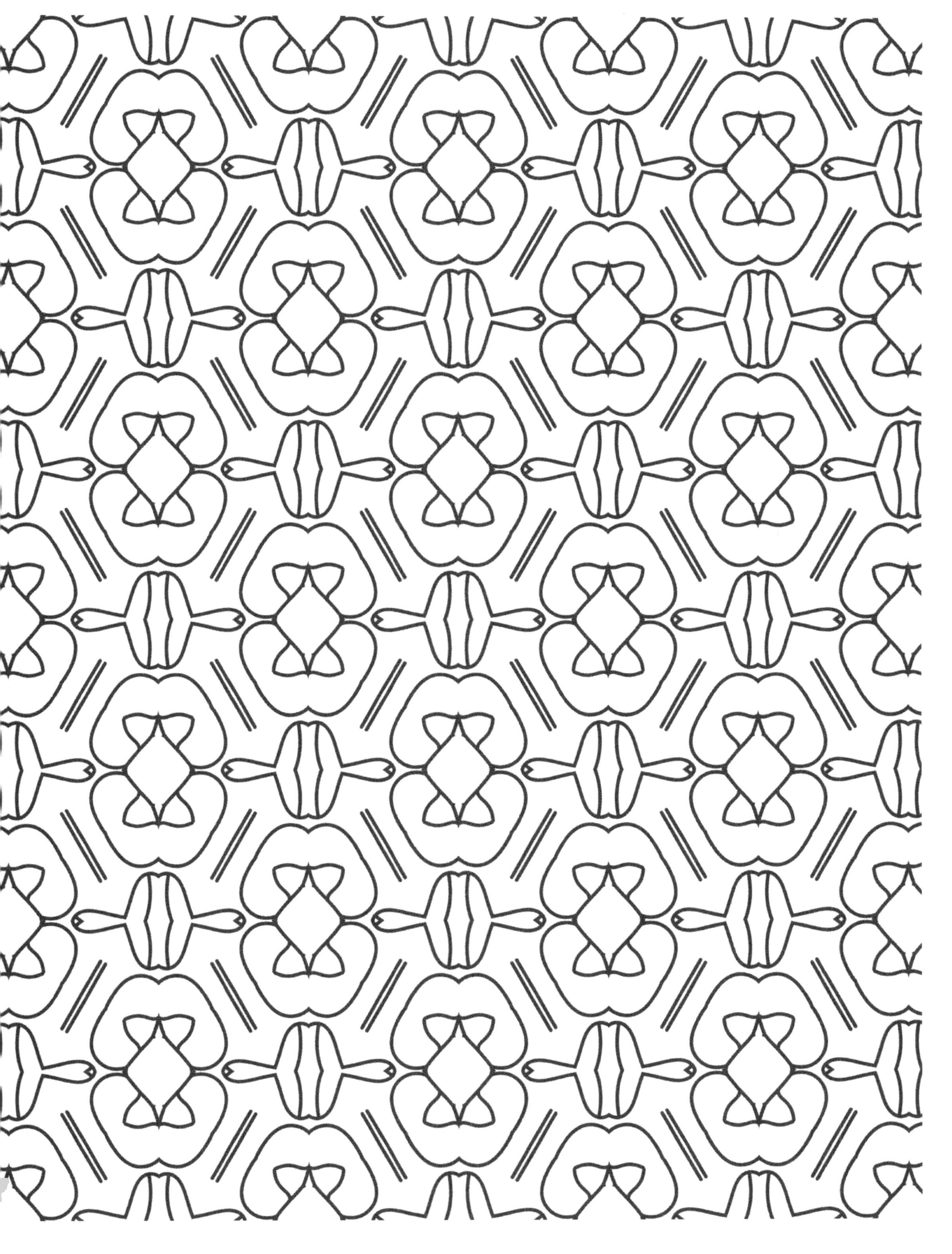

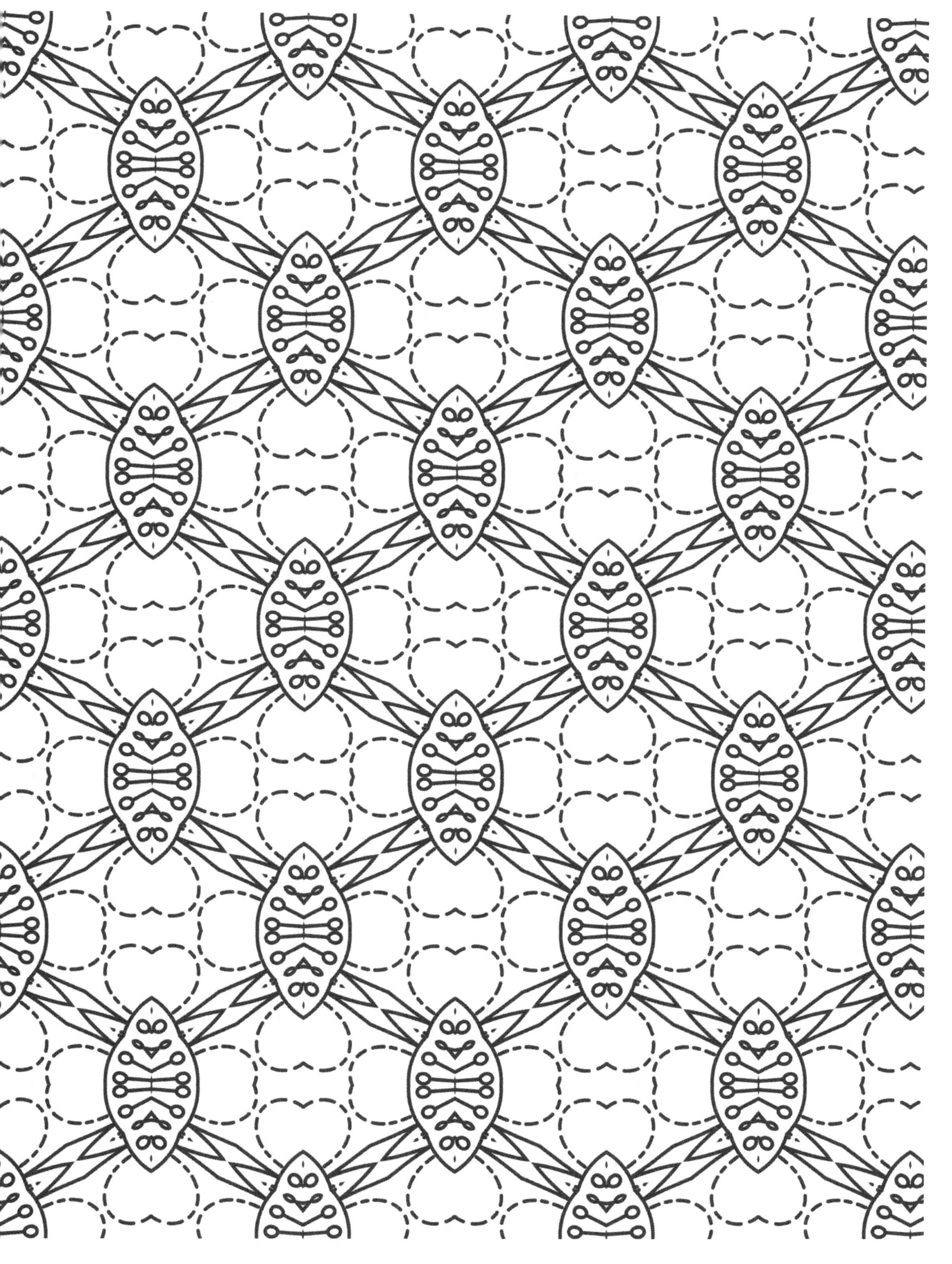

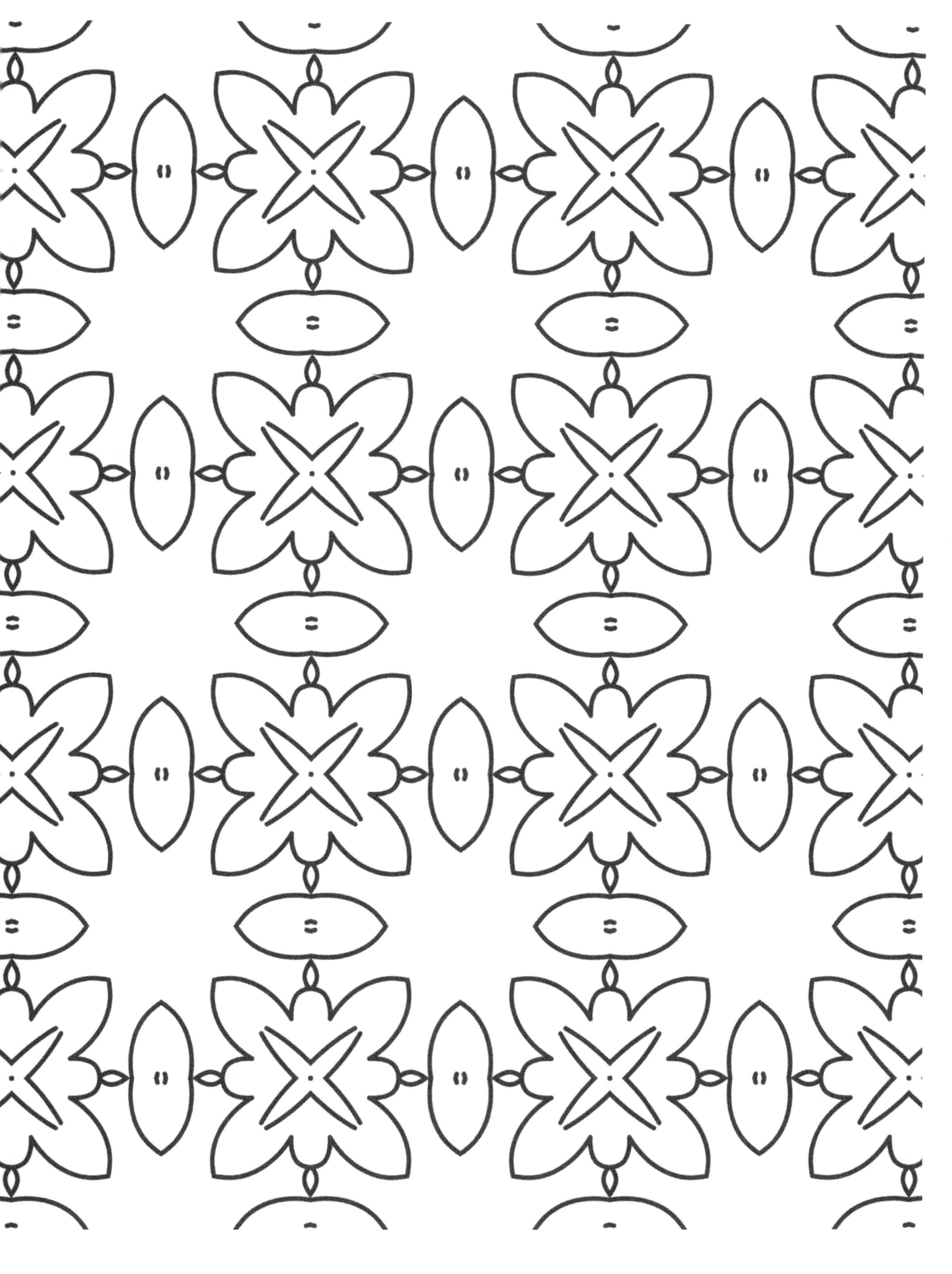

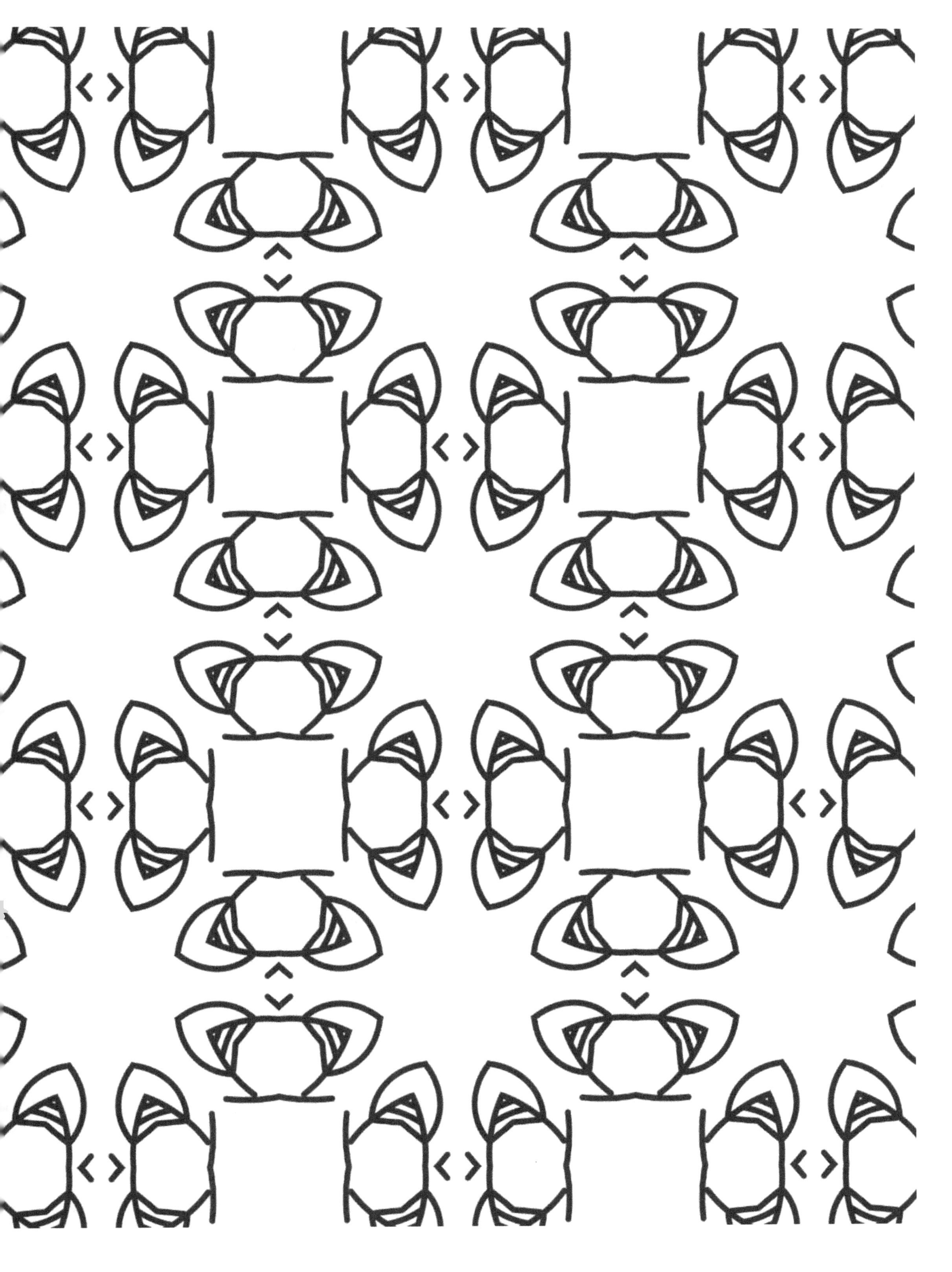

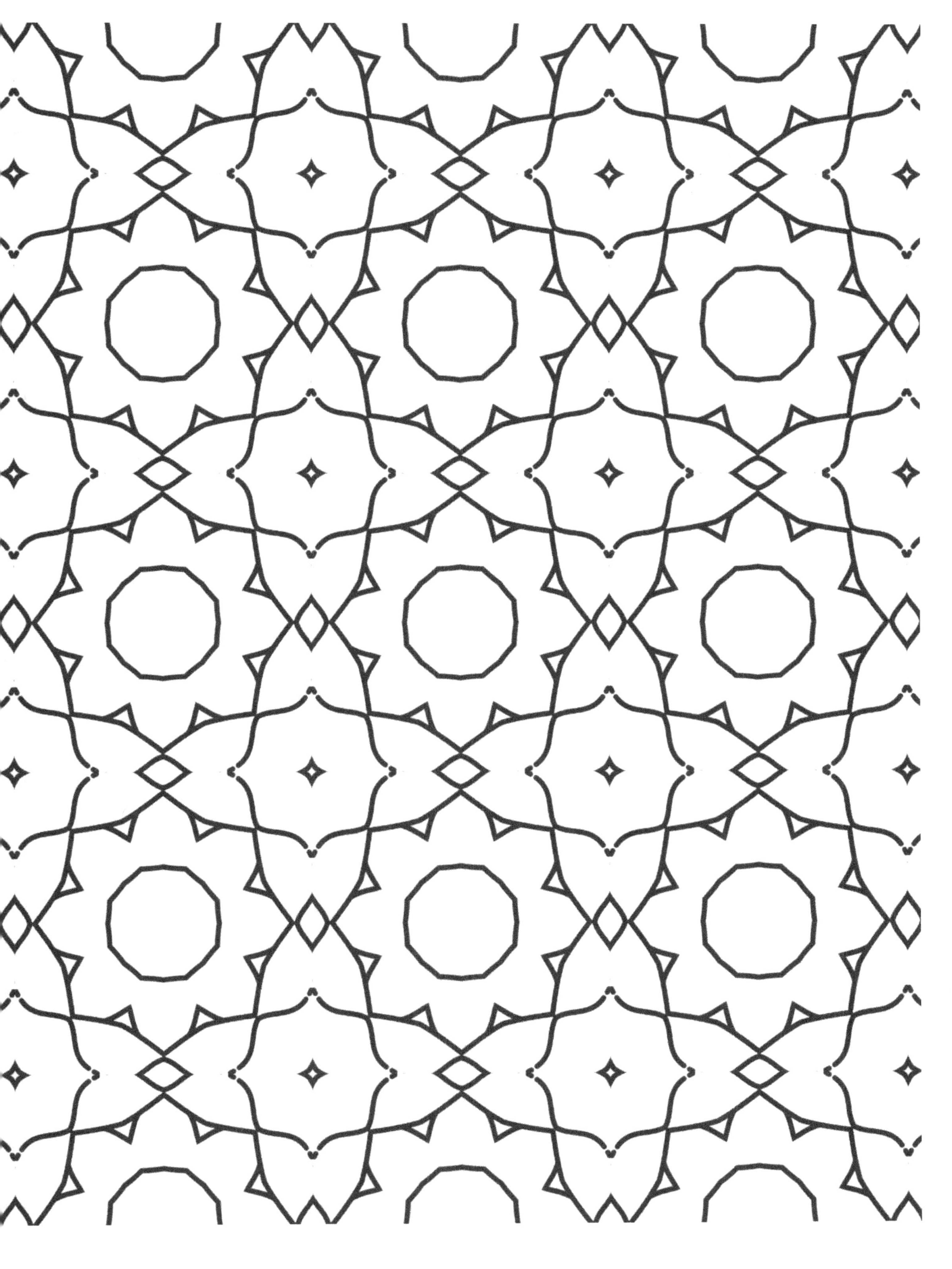

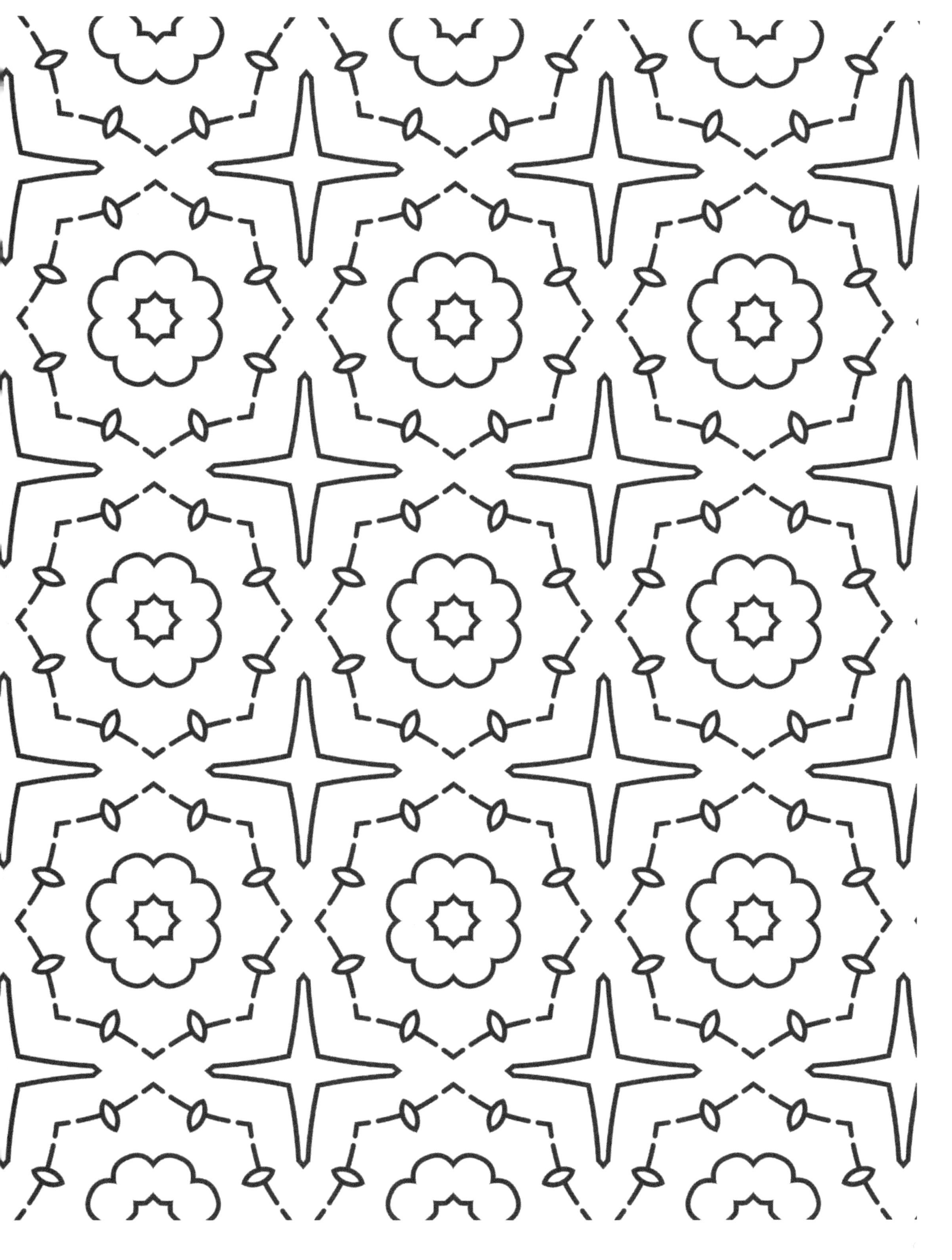

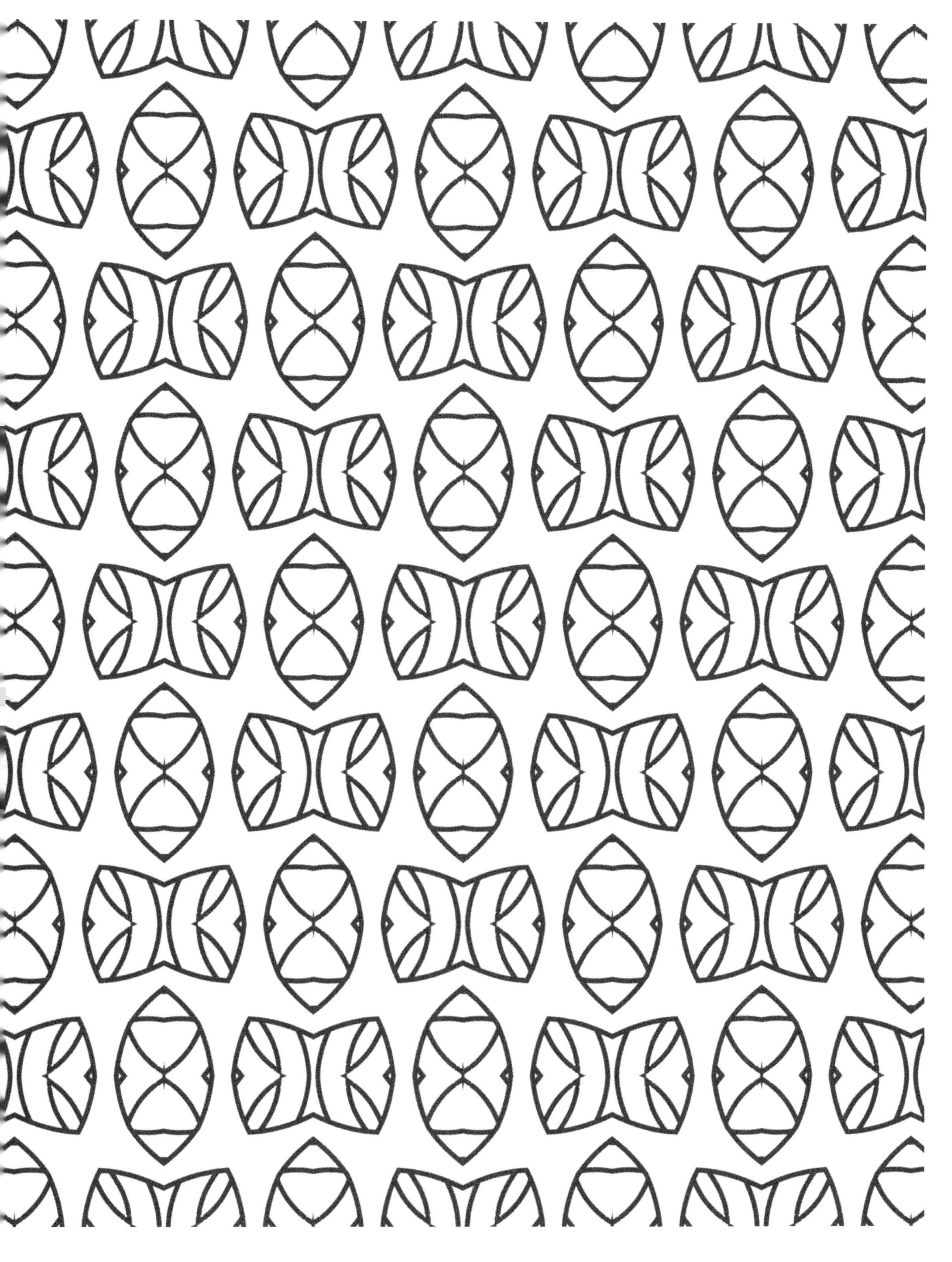

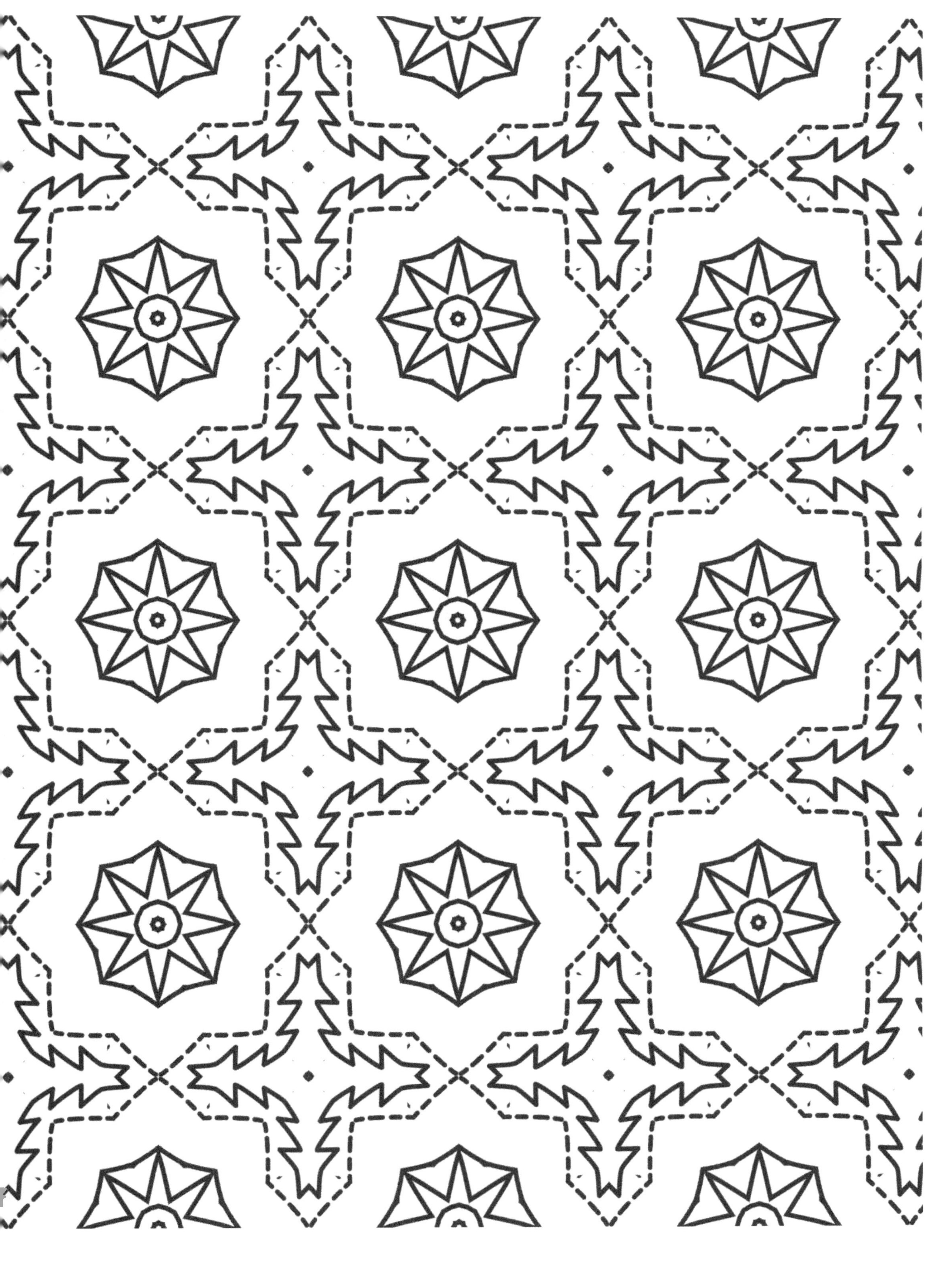

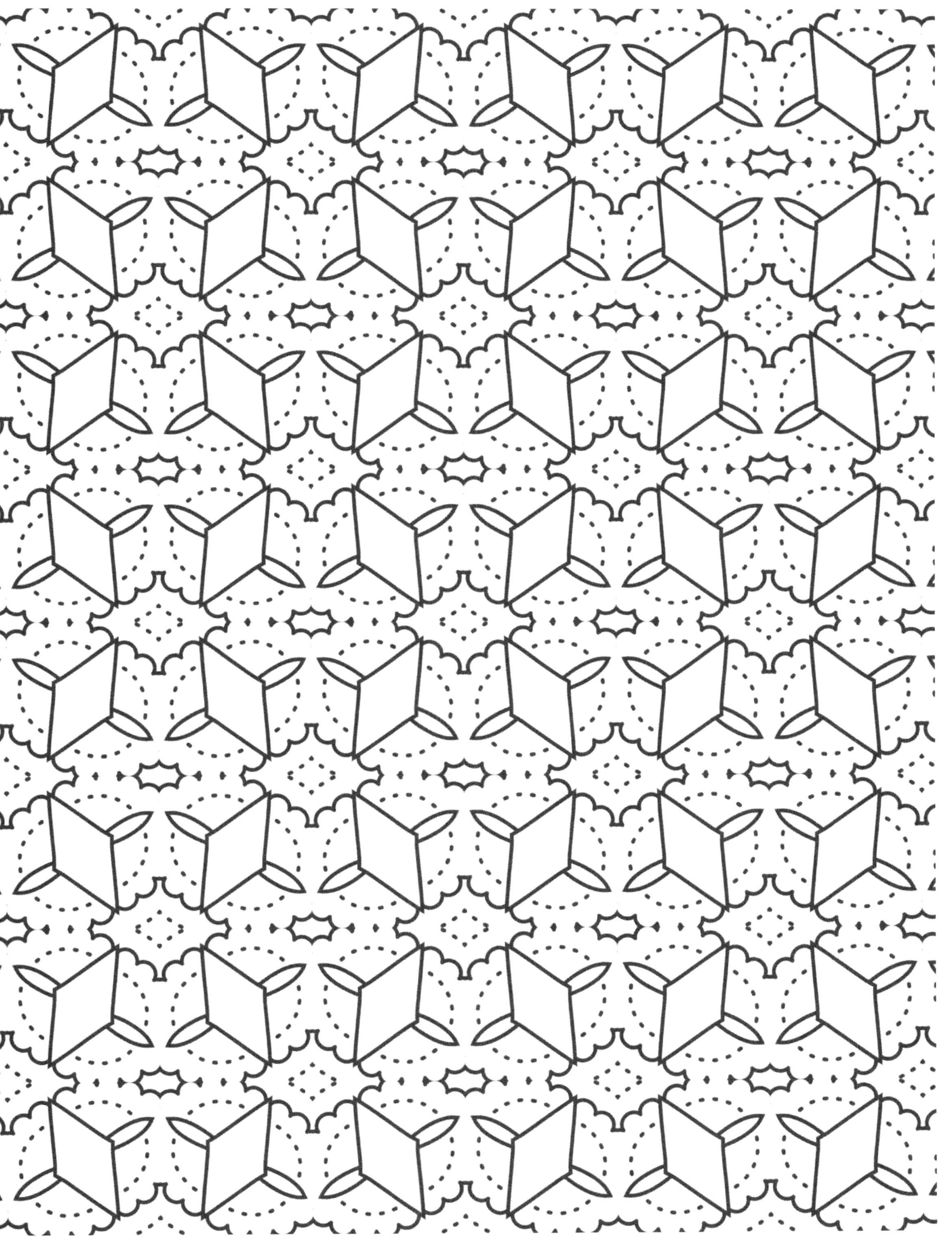

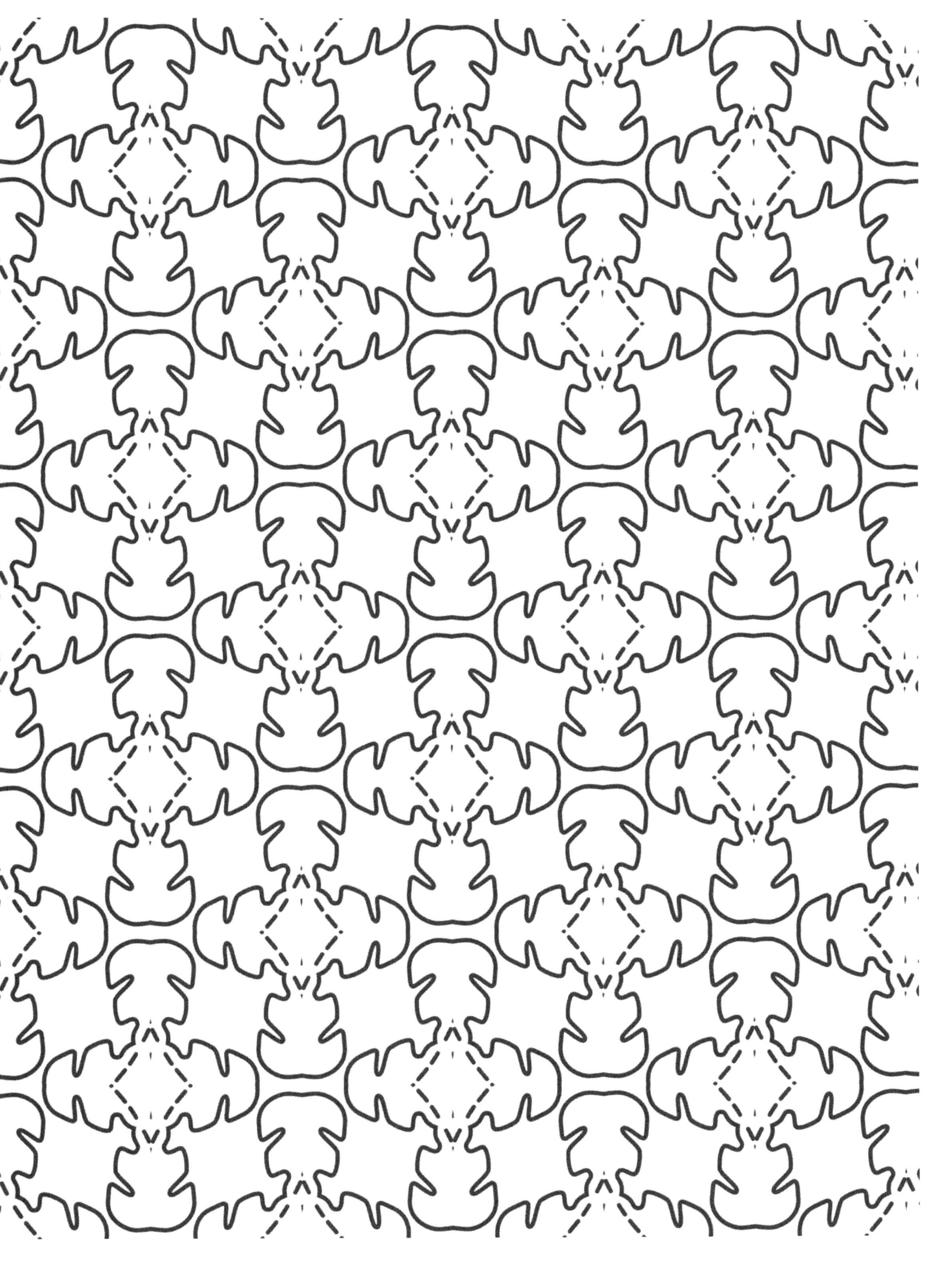

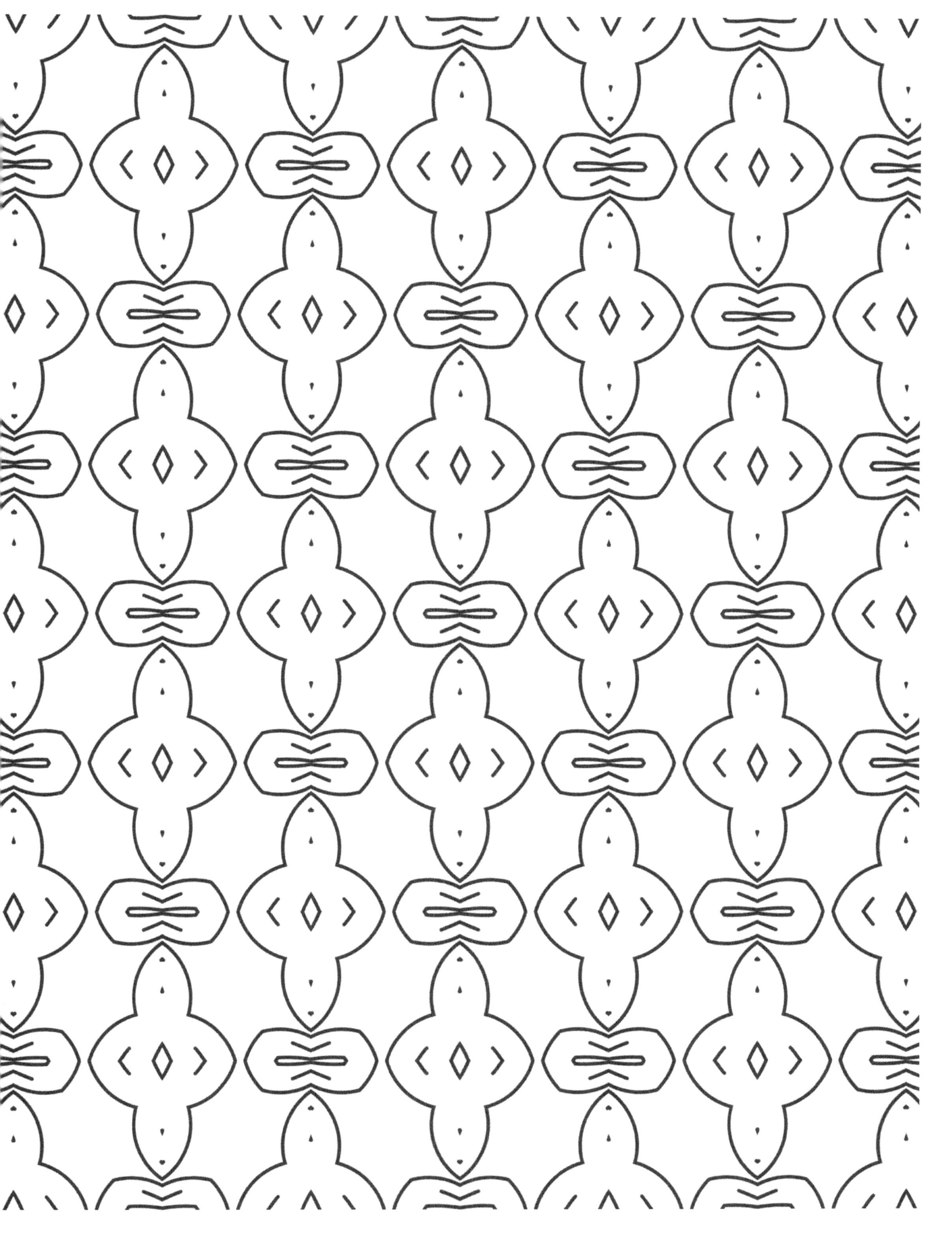

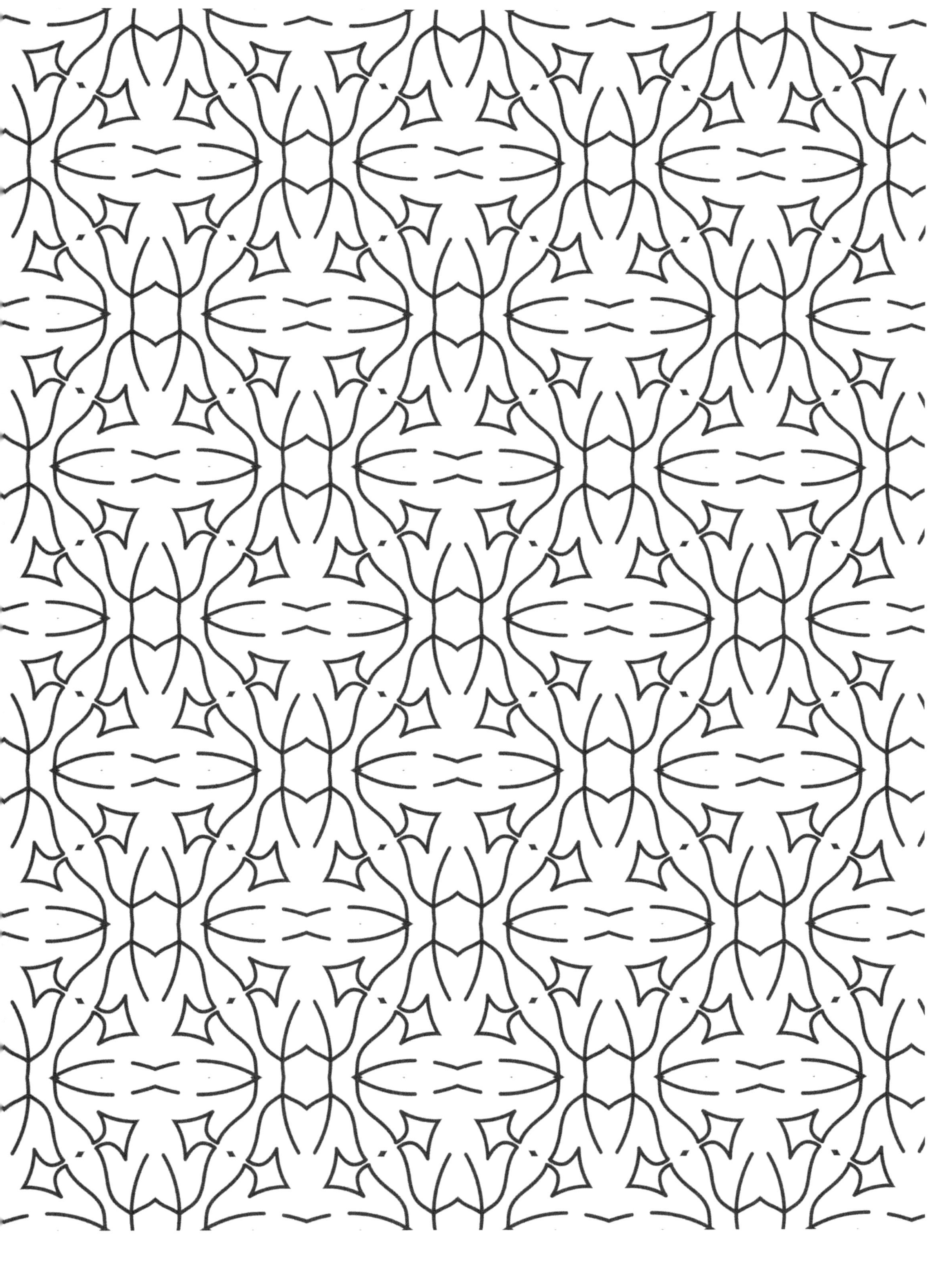

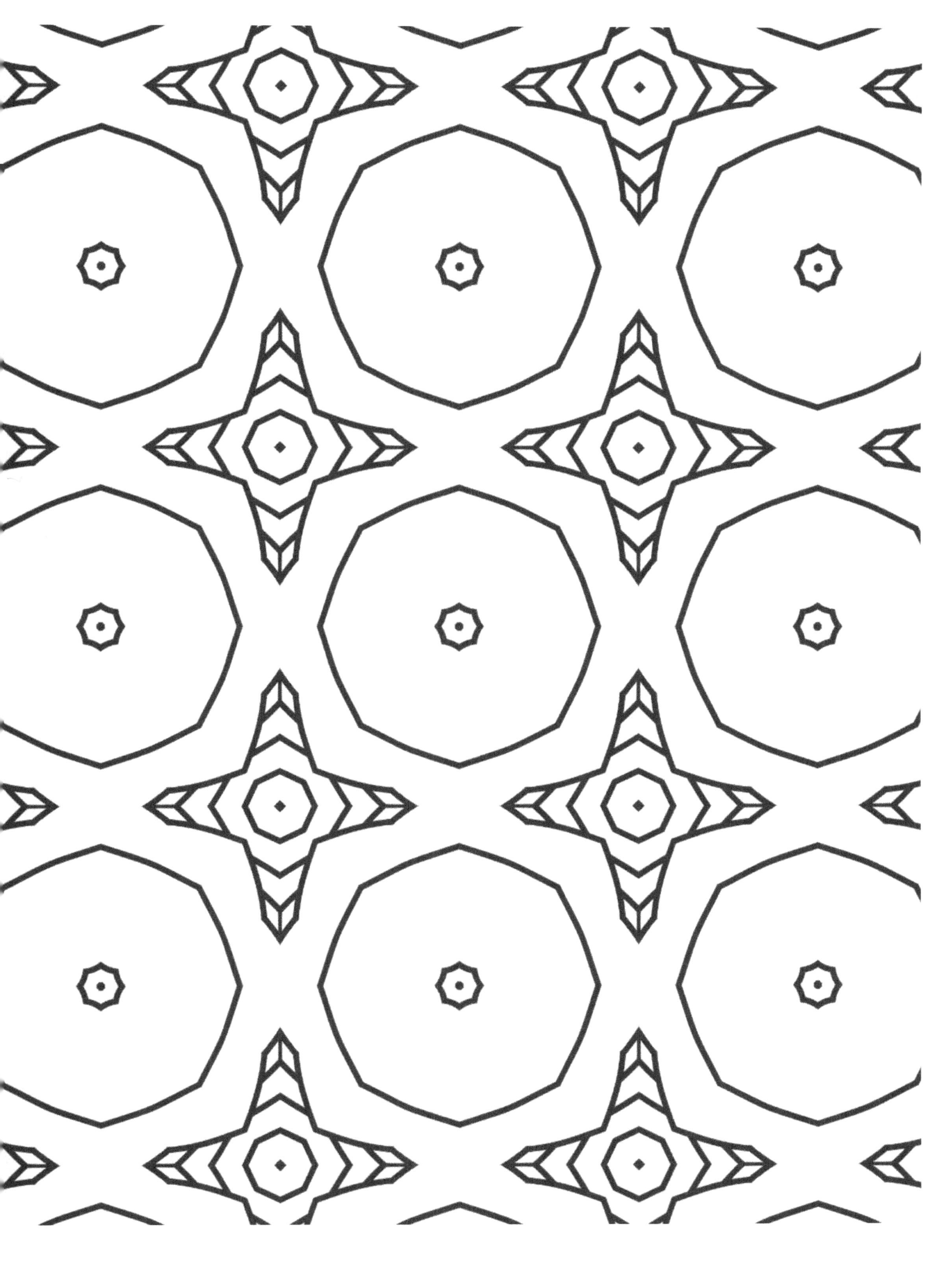

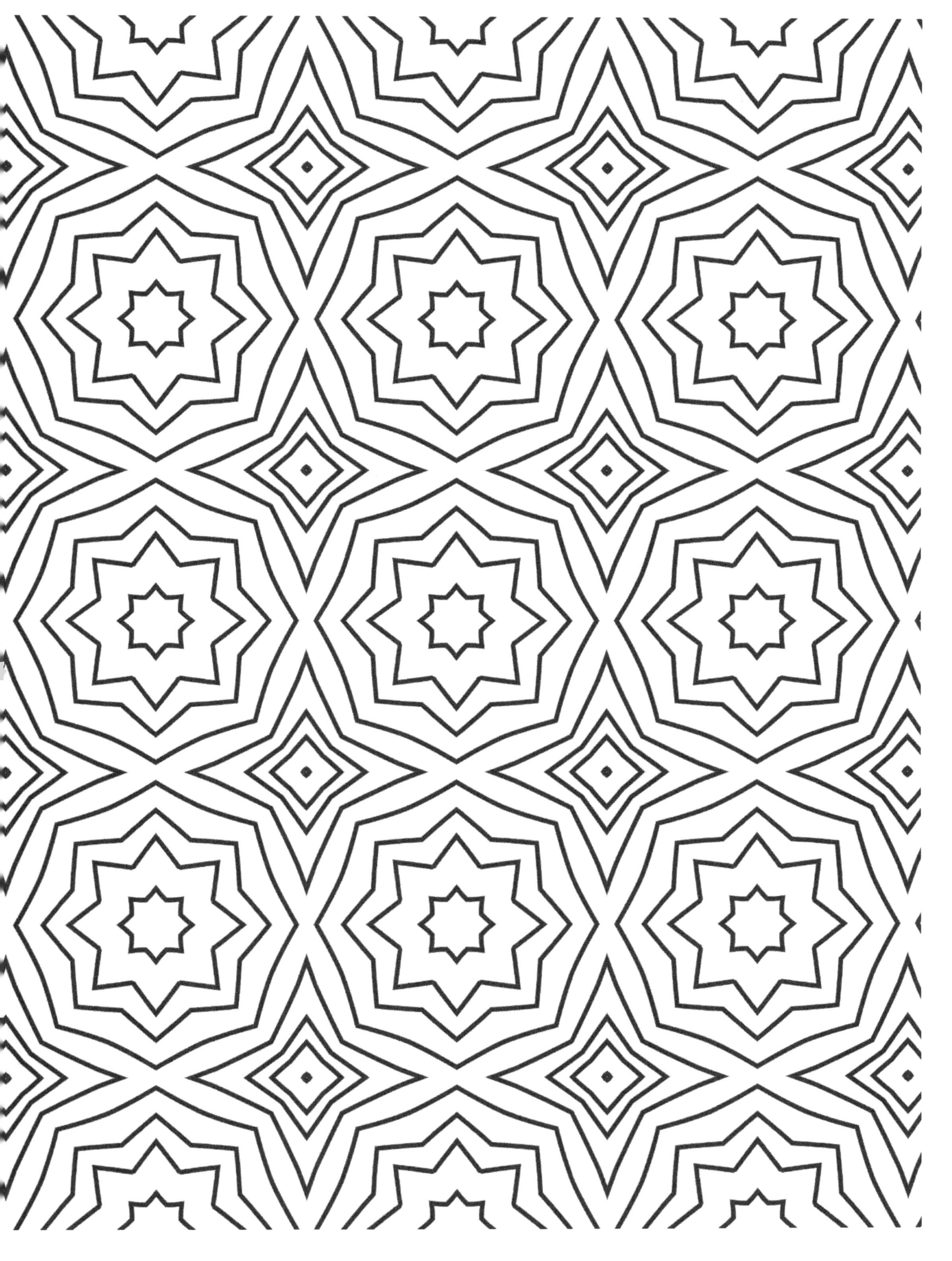

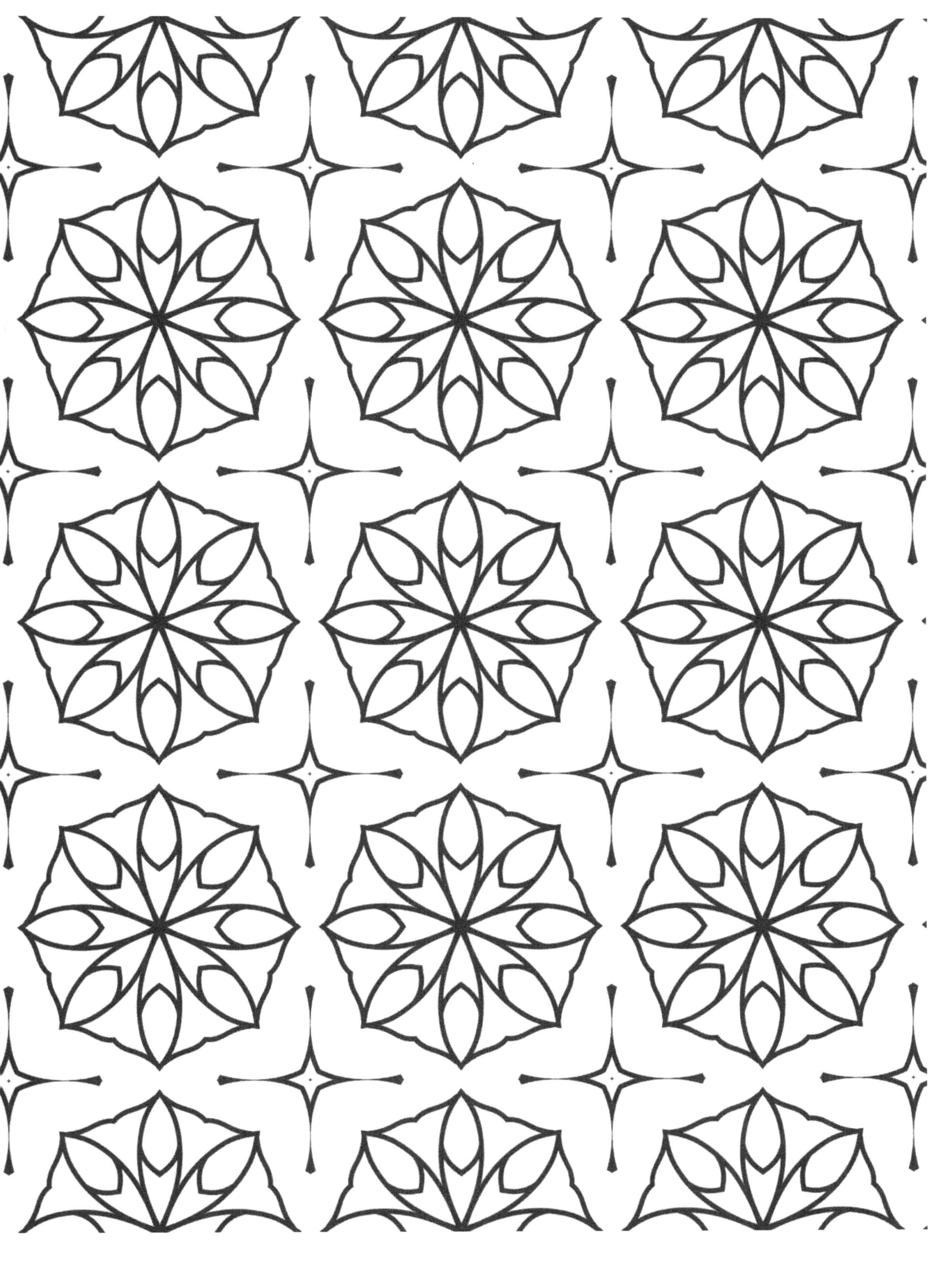

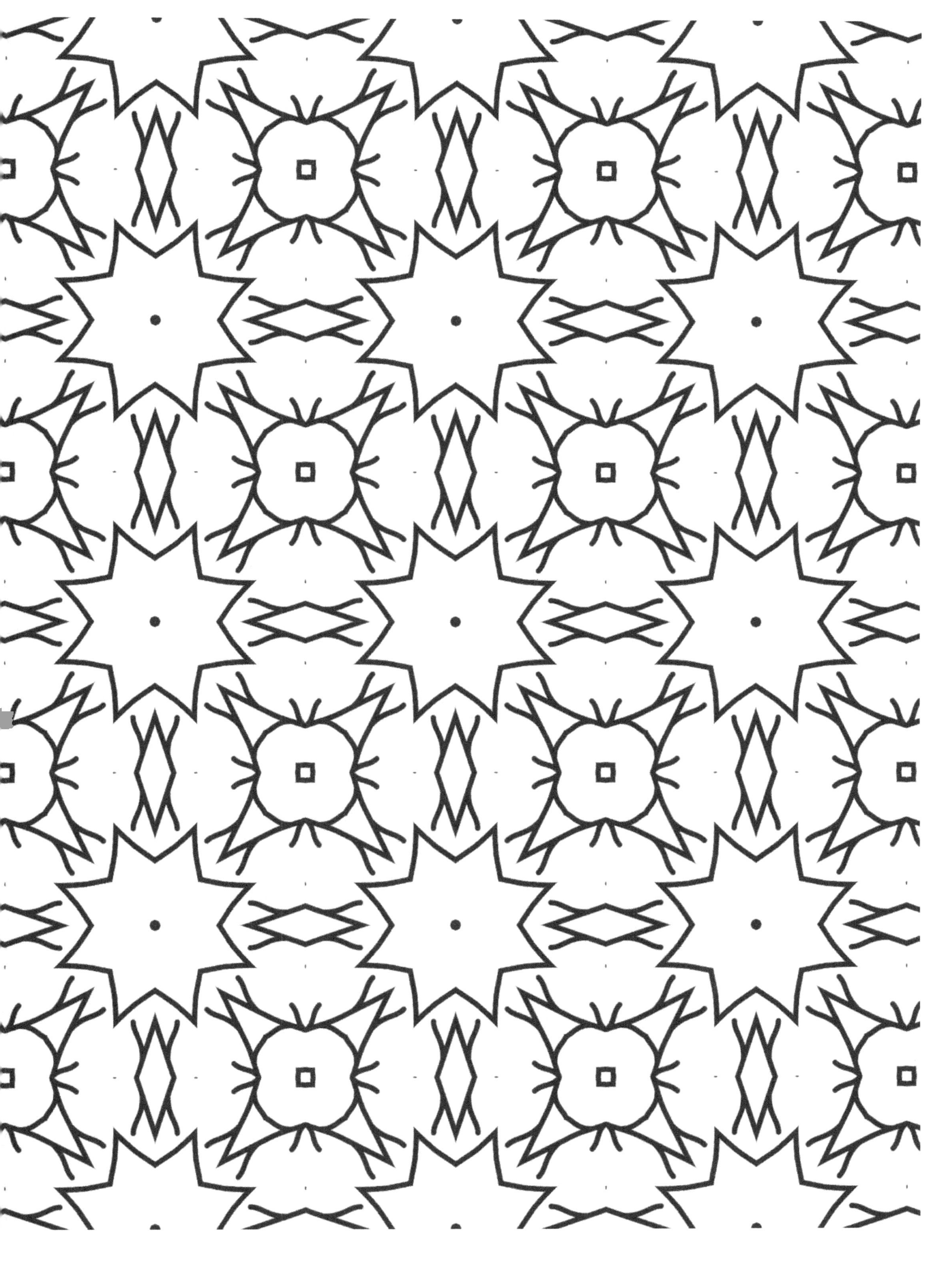

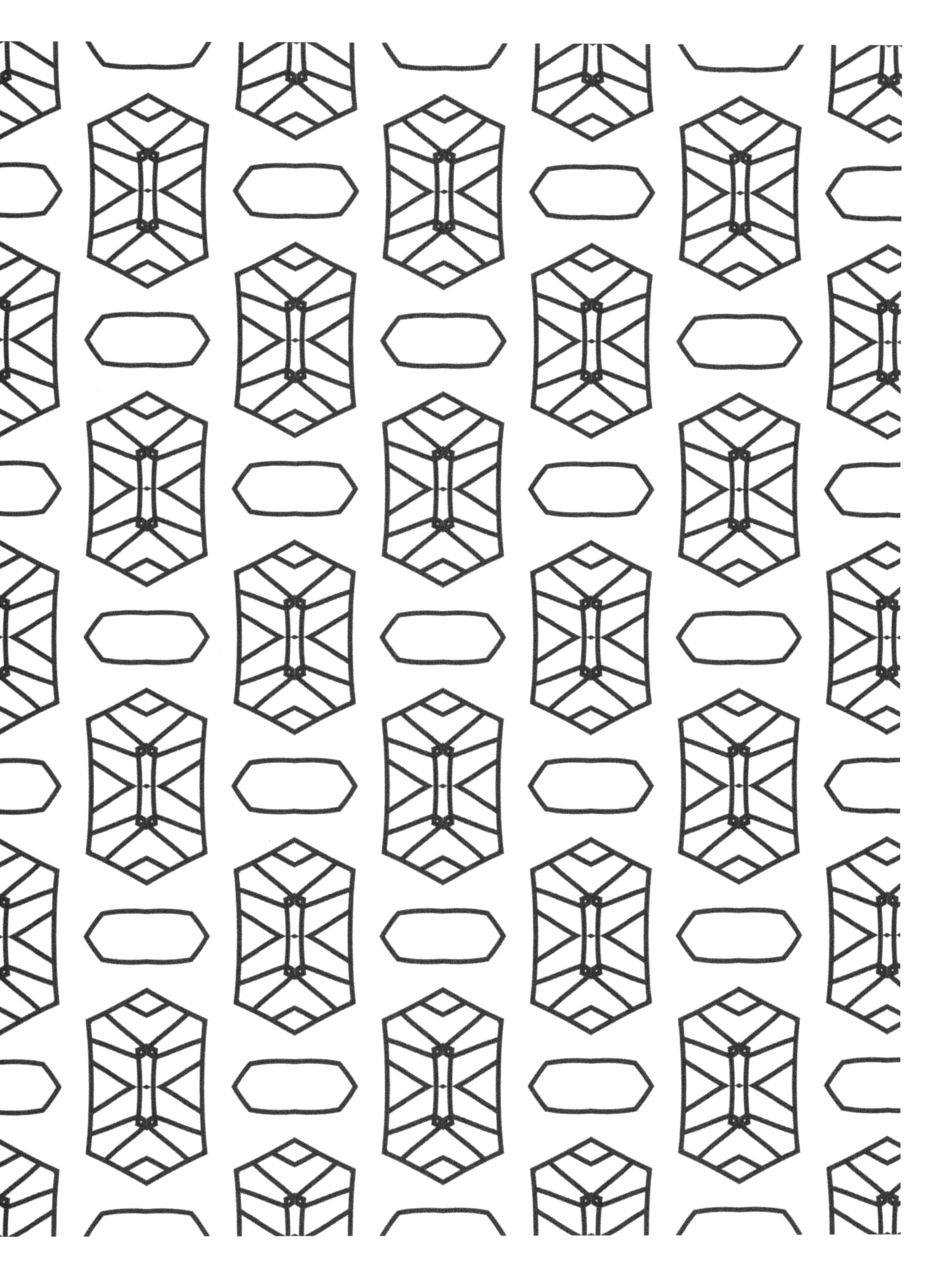

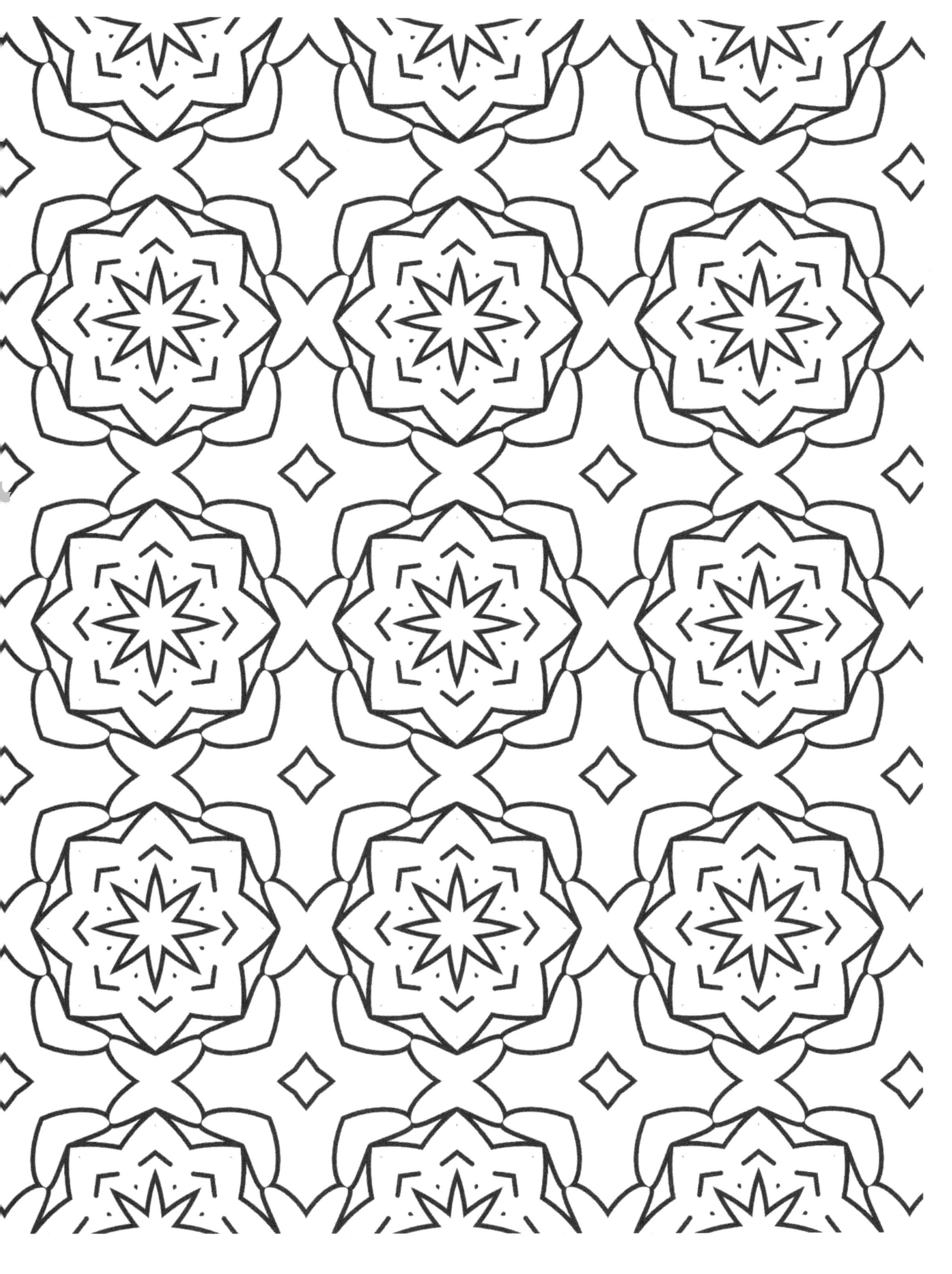

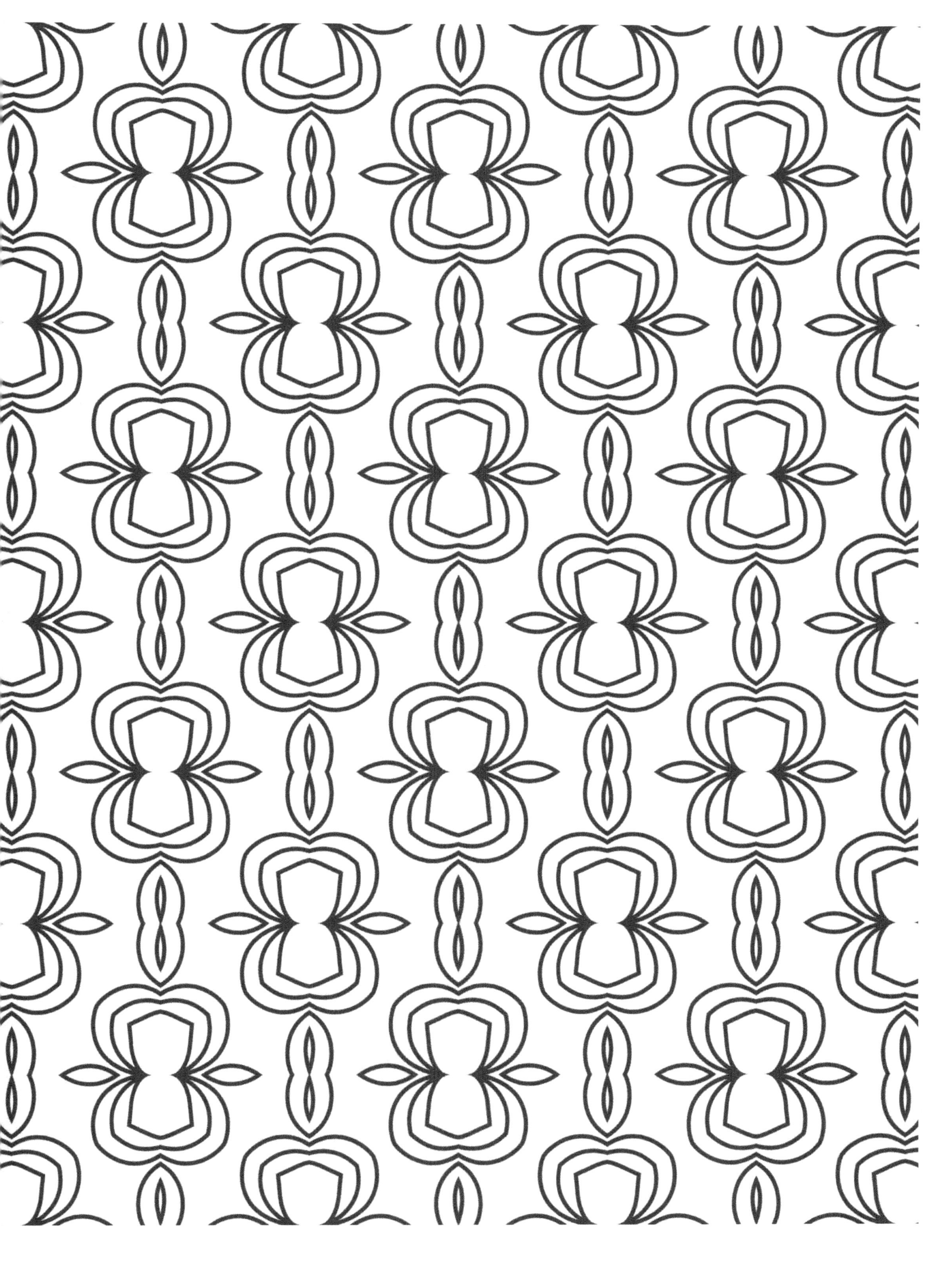

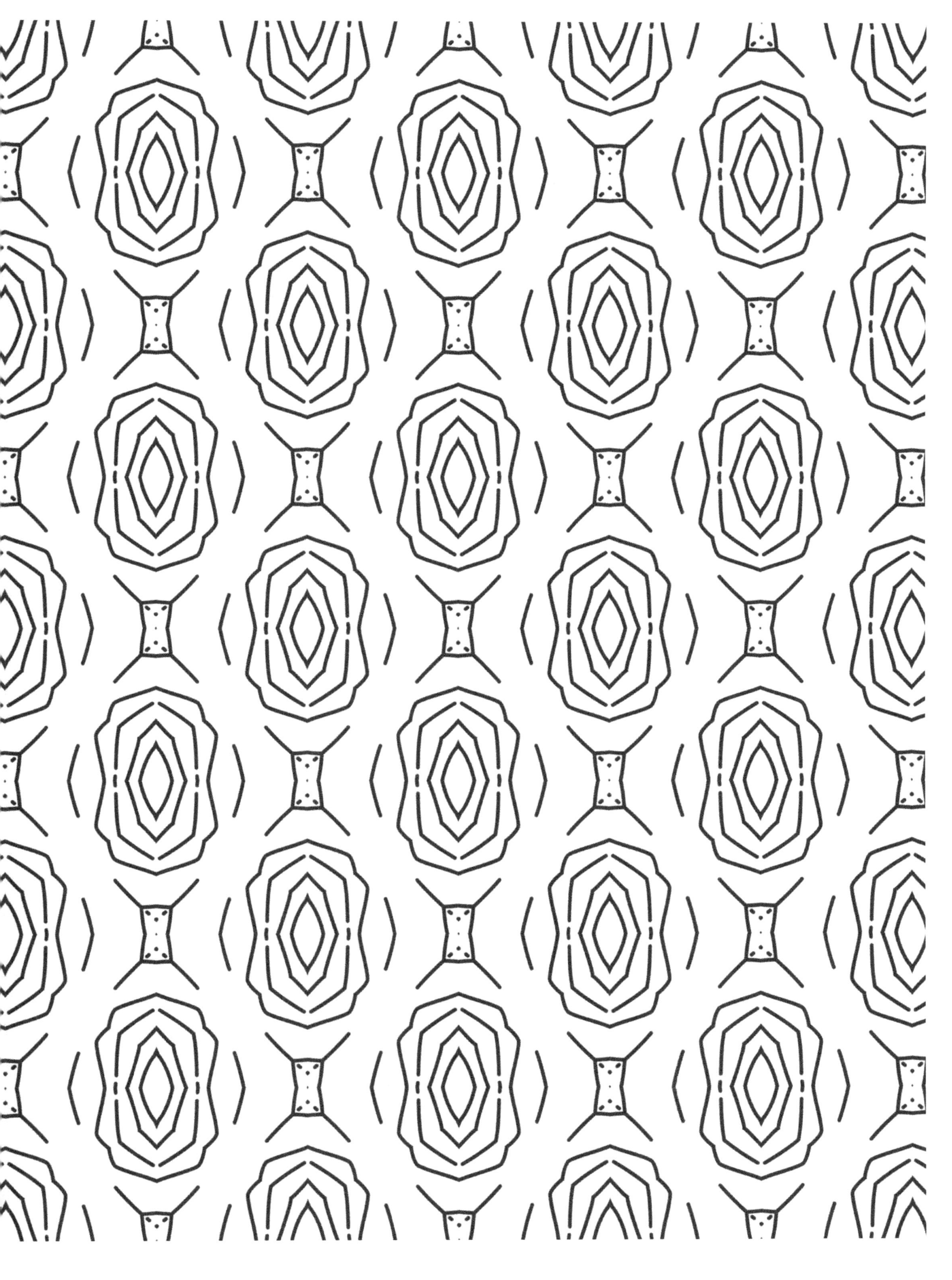

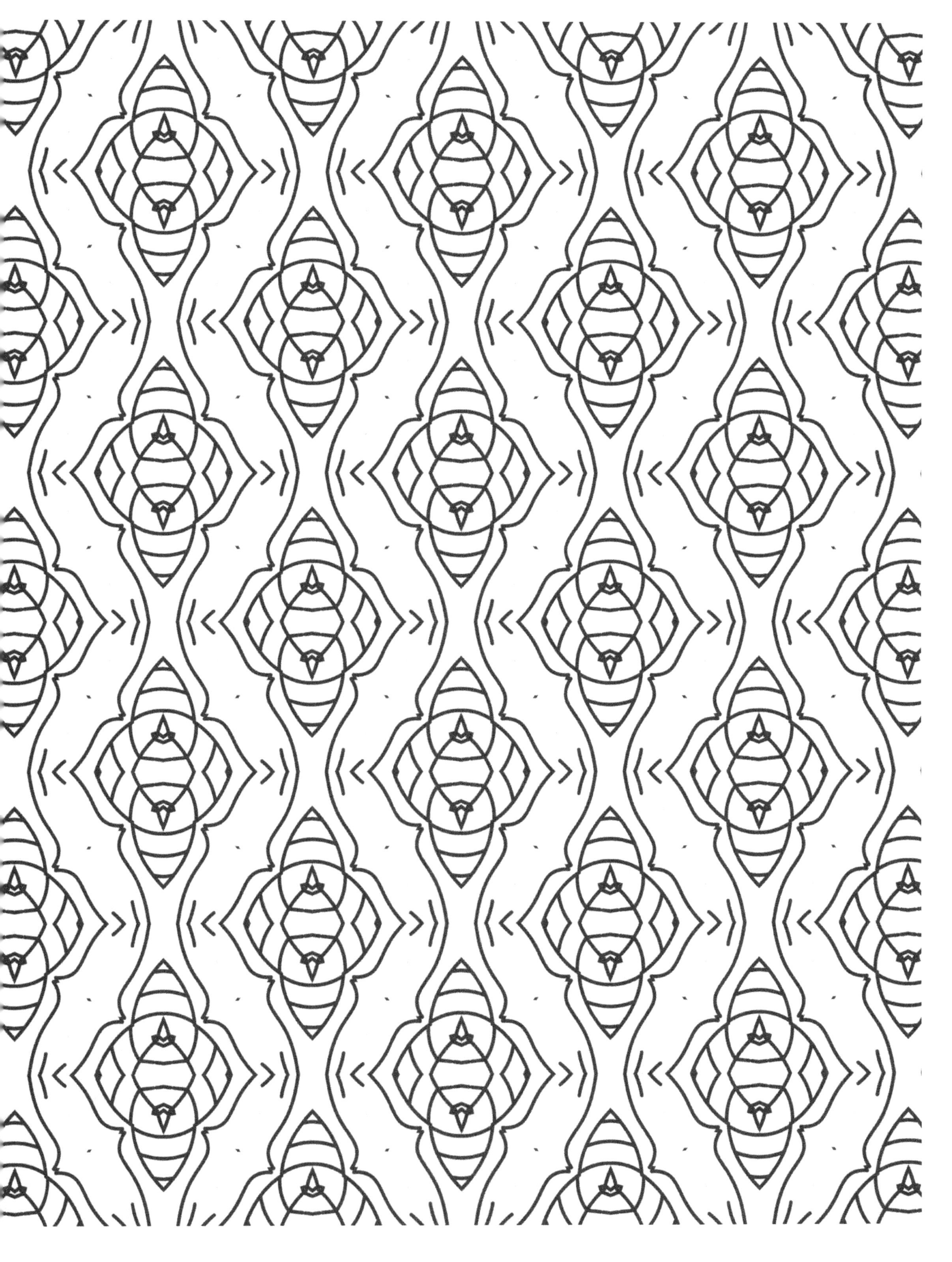

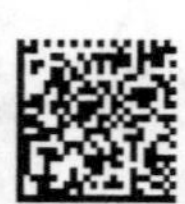

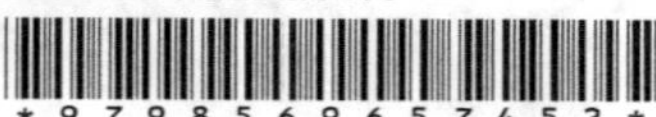
* 9 7 9 8 5 6 9 6 5 7 4 5 2 *